VUES SOMMAIRES

SUR DES

MOYENS DE PAIX.

VUES SOMMAIRES

SUR LES

MOYENS DE PAIX

POUR

LA FRANCE,

POUR

L'EUROPE, POUR LES ÉMIGRÉS.

PAR M. DE MONTLOSIER,

Ancien Député aux États-Généraux de France, et Membre de l'Assemblée Nationale Constituante.

A LONDRES,

DE L'IMPRIMERIE DE BAYLIS, GREVILLE-STREET.

Et se trouve chez J. DEBOFFE, libraire, Gerrard-Street; DEBRETT, Piccadilly, BOOSEY, Broad-Street, près de la Bourse-Royale.

1796.

AVANT-PROPOS.

L'objet annoncé de la guerre a été de la part de la coalition, de s'armer contre la révolution française; de la part des français, de défendre leur révolution ainsi que leur territoire.

Il est démontré aujourd'hui que ni la révolution, ni le territoire français ne peuvent être subjugués.

Le premier but de la guerre n'existant plus pour aucune des parties belligérantes, l'on s'accorderoit facilement sur les conditions de la paix, si les uns n'avoient voulu effectivement attaquer que la révolution, si les autres n'avoient voulu que conserver leur liberté et leur territoire.

Mais de même que les vues secondaires de la coalition ont prodigieusement affoibli ses forces morales, le gouvernement français, en substituant l'ambition des conquêtes à l'enthousiasme de la liberté, se verroit bientôt réduit à la proportion réelle de ses moyens intérieurs à ceux de la coalition; et comme l'état actuel de la France est voisin de l'épuisement, tandis que ses ennemis n'ont reçu aucune atteinte dans leur organisation intérieure, un des caractères de cette guerre est d'être nécessairement funeste à ceux qui la réduisent à une lutte d'ambition.

On n'a jamais assez réfléchi que la révolution française, quoiqu'anti-sociale dans ses principes et dans ses moyens, étoit cependant défendue par ses partisans comme une volonté et un intérêt national. C'est là le caractère de sa puissance. La coalition, en se détournant de son objet primitif, a mis en évidence des principes et des intérêts qui ont paru étrangers à l'ordre social qu'il s'agissoit de conserver. C'est une des causes de sa foiblesse.

Dans cette position respective des parties belligérantes, leur convient-il de continuer la guerre? et sous quels rapports, sous quelles conditions la paix est-elle désirable? C'est ce que je me propose d'examiner.

La cause des émigrés n'a pu me paroître étrangère à cette discussion. Non-seulement on les accuse au-dedans d'être les auteurs de la guerre étrangère, mais encore de fomenter tous les troubles intérieurs. Il n'est pas un mouvement de mécontentement dans Paris et dans les départemens qu'on n'attribue à leur influence. Mais comment se fait-il que des hommes qui ont enduré pendant trois ans, dans leurs foyers, tous les coups de la révolution, sans pouvoir déployer aucun moyen de force, aient acquis autant d'importance depuis qu'ils sont au-dehors? C'est qu'à leur égard la marche de leurs ennemis a encore changé de caractère.

Dans les premiers tems de la révolution, on se contenta de les proscrire comme caste; et dès-lors leurs intérêts isolés ne se rattachoient à aucun autre intérêt; mais après les avoir anéantis comme caste, lorsque la proscription est venu encore les atteindre comme citoyens, leurs intérêts, devenus communs à tous, leur ont donné pour alliés tous les ennemis de la révolution, tous ceux qui souffrent de ses injustices.

Ainsi le point de force pour le gouvernement français (1), tant à l'égard des émigrés que des puissances étrangères, est lorsqu'il s'attache uniquement à l'objet primitif de sa

---

(1) Par gouvernement, je n'entends pas ici seulement le directoire, mais le conseil des cinq-cents, celui des anciens, les nouvelles formes judiciaires, toute l'administration.

révolution et de sa guerre ; le point de foiblesse est lorsqu'il cherche à l'outre-passer.

D'un côté il peut s'assurer la paix au-dehors et au-dedans, de l'autre les troubles intérieurs et la guerre étrangère deviendront interminables. Veut-il risquer les conquêtes de sa révolution ? veut-il perpétuer ce mouvement destructeur qui, après avoir anéanti tout ce qui existoit, ne cesse de frapper sur tout ce qui existe, est près de le frapper lui-même ? Ou plutôt ne doit-il pas chercher à réparer le vice de son existence actuelle, afin de la consolider ; jouir avec modération de ses succès, afin de les assurer ? Voilà toute la question. Elle ne roule que sur un seul point : son intérêt.

Si, malgré tout l'éclat de ses triomphes, il a un besoin extrême de la cessation de la révolution et de la guerre ; si la révolution ne peut disparoître qu'en ralliant toutes les classes de propriétaires, qu'en faisant disparoître toute l'influence des hommes sans propriété ; en un mot, si un véritable gouvernement ne peut se rétablir en France que par un retour sage vers les idées douces de modération et d'équité, l'acquiescement sincère des émigrés n'est pas moins utile sous

ce

ce rapport au mouvement intérieur de la France, que celui des puissances dans ses relations extérieures.

Quelque caractère de raison que présentent ces idées, mon intention n'est pas de faire croire que tous les émigrés s'y rallient. Le plus grand nombre sans doute les adoptent, plusieurs les rejettent.

J'ai déjà eu soin de marquer dans un précédent écrit (1) ceux qui se montrent parmi nous les ardens antagonistes de toute mesure de conciliation. En parlant à ce sujet des folies dangereuses de M. d'Entraigues et de M. Ferrand, quelques personnes m'ont accusé d'avoir exagéré leurs dispositions. Il m'est facile de justifier ce que j'en ai annoncé.

Il faut que la loi triomphe, ou il faut périr. Il faut que la force reste à la loi, ou nous devons être ensevelis (p. 31.) Pourquoi les royalistes purs et les jacobins ne veulent-ils pas de transactions? *C'est que le grand caractère et le vrai génie veulent,*

---

(1) s Effets de la Violence et de la Modération dans les affaires; ouvrage qui se trouve en France chez H. Neuville, commissionnaire en librairie, rue des Grands-Augustins, n°. 31. ⊢ Prix 1 liv. 10 sols.

fidèles aux principes qu'ils ont adoptés, être d'abord conséquens dans leurs démarches, en avoir une fortement prononcée, et TOUT *sacrifier à leurs principes* (p. 23). *Enfin, puisqu'il faut le dire,* J'AIME MIEUX VOIR LA FRANCE PÉRIR, *que de la voir s'avilir à cet excès d'ignominie*, c'est-à-dire qu'elle ait une autre constitution que l'ancien régime (p. 69). Voilà les propres paroles de M. d'Entraigues dans un ouvrage publié il y a peu de tems. (1)

On peut trouver facilement dans M. Ferrand les phrases correspondantes à ces passages. Au moment même où j'écris, il est curieux de lire divers écrits qui s'impriment pour prouver que la France va revenir à la constitution de quatorze siècles. Je dois prévenir que ces auteurs ne sont point à *Bedlam;* ils sont dans tous leur sens honorés dans leur société, et justement estimés à plusieurs égards.

M. de Calonne avoit annoncé à ce sujet des recherches qu'il n'a probablement pas jugé à propos de publier. S'il y avoit renoncé,

----

(1) Observations sur la conduite des puissances coalisées.

et qu'une discussion de ce genre pût avoir encore quelqu'intérêt, je me chargerois bien d'examiner ce qu'il y a de réel dans toutes ces vues contradictoires sur l'existence d'une constitution de quatorze siècles.

Un jour il pourra être intéressant de comparer dans leurs assertions tous ceux des écrivains d'une certaine classe qui ont prononcé une opinion à ce sujet. Les uns, comme M. l'abbé Talbert, ne voient de constitution en France que depuis le règne de Louis XIV; *ce fut alors que la France enfanta sa véritable constitution.* D'autres la font remonter jusqu'à Clovis, ou la voient établie jusques dans les forêts de la Germanie.

Ils ne sont pas moins divisés sur sa nature que sur son origine. Les uns ne voient de constitution que les états-généraux régulièrement assemblés en trois ordres. Ils leur attribuent le droit souverain de législation. Suivant d'autres il appartient aux parlemens; les parlemens seuls représentent les assemblées du Champ-de-Mars et de Mai. Ils ont le droit, suivant M. de Blaire, d'opposer *la volonté* CONSTANTE *de la loi, à la volonté* MOMENTANÉE *du prince.* D'autres au contraire implorent comme constitution net ce vieux adage français, *si veut le roi, si veut la loi.* Suivant eux le roi est despote en France, les parlemens ne sont que des instrumens de justice.

Quelques-uns, comme M. d'Entraigues, effacent de notre constitution tous les tems féodaux; tandis que d'autres y voient le berceau même de la constitution française, ainsi que de toutes les constitutions de l'Europe. Enfin, en nous citant sans cesse les Champs-de-Mars et de Mai, les assemblées de barons, les états-généraux et particuliers des provinces, ces profonds observateurs paroissent seulement s'accorder sur un point, c'est que le caractère français ne comporte point des assemblées délibérantes.

Tandis que chacun s'égare sur le texte de cette prétendue constitution, les intérêts particuliers ne s'égarent pas sur leur objet. La noblesse, le clergé, les cours de justice, les partisans systématiques de la liberté, les courtisans, chacun y découvre ses intérêts à l'exclusion de ceux des autres; toutes les prétentions marchent ainsi avec l'escorte des chartes anciennes qu'elles ont pu recueillir en leur faveur.

On voit quelle confusion de vues, d'idées

et de langage, se trouve parmi ces prôneurs de la constitution de quatorze siècles; mais c'est cette confusion même qui a été précieuse à ses inventeurs. Ils ont pensé qu'à raison de l'impossibilité d'attacher aucune idée fixe à ce mot *constitution de quatorze siècles*, il deviendroit selon les circonstances ce qu'on voudroit. Est-on très-puissant, ce sera le despotisme; est-on forcé pour l'ordre public de se mettre dans les mains des cours de justice, ce sera les parlemens. Dans d'autres circonstances, ce seroit les états-généraux en trois ordres; dans d'autres ce seroit une assemblée unique, comme du tems de Charlemagne, etc., etc.

C'est ainsi que dans cette terrible révolution, de petites astuces ont continuellement prévalu sur la candeur et sur la vérité. Je ne doute pas que certaines personnes ne regardent comme pieuse toute supercherie qui paroît les mener à leur but; mais je doute, sur ce point comme sur beaucoup d'autres, qu'elles puissent faire des dupes.

Je crois avoir examiné avec autant de soin que qui que ce soit les loix anciennes de ma patrie. Elles ont été l'objet de mes études pendant plus de quinze ans de ma vie. Je me propose, lorsqu'il en sera tems, d'offrir au public un travail déjà connu de quelques personnes, *de l'Etat de la France avant la révolution* ; mais aujourd'hui l'intérêt est tellement dirigé vers les événemens qui se succèdent, qu'il me paroîtroit inconvenable dans la crise actuelle de l'Europe, d'aller offrir au public des recherches sur la loi gombette ou sur celle des ripuaires, sur les capitulaires de Charlemagne, ou sur les constitutions féodales. Ainsi il faut bien que je permette pendant tout ce tems à cette tourbe qui a si mal jugé le présent, de défigurer encore le passé.

Au reste, quels que soient parmi les émigrés les dissentimens qui les partagent, et la haine que les partisans plus ou moins déguisés du despotisme ont voué à ceux qui veulent avec la monarchie un ordre stable et non arbitraire dans leur pays, ces divisions seront au moins une preuve de la sincérité de ceux qui, après avoir rempli noblement et franchement les devoirs que leur imposoit la fidélité, en reconnoissant les bienfaits des peuples bons et hospitaliers qui les ont accueillis, n'en sont pas moins empressés de se réunir à leur patrie, et de se rattacher à ses destinées.

Je suis du nombre de ces français. Je ne prétends à aucune faveur particulière. Je n'ai rien à réclamer pour moi seul. Je suis même à cet égard dans la position la moins avantageuse. J'ai porté les armes contre le gouvernement actuel; j ai sollicité sa destruction par tous les moyens qui étoient en mon pouvoir. Je n'ai fui ma patrie que pour en combattre les nouveaux maîtres, tandis qu'une multitude de français ne l'ont fui que pour leur épargner des crimes.

Mais quoique pour les uns et pour les autres, la France ne me paroisse pas être arrivée encore au point de sentir la nécessité d'une reconciliation générale, ce moment doit arriver. Que de nouveaux événemens qui me paroissent prochains, hâtent ce moment, ou l'éloignent encore, il n'en est pas moins du devoir d'un honnête homme de chercher à effacer des préjugés qui, attribuant à la masse entière des émigrés, des dispositions, des sentimens, une doctrine qui n'appartiennent qu'à un petit nombre, peuvent occasionner des méprises injustes.

Que les émigrés, au lieu de porter leur attention vers ces hommes téméraires qui, après avoir usurpé auprès d'eux les fonc-

tions de tribuns du peuple, cherchent à éterniser les maux qu'ils ont causés, consultent désormais leur situation ; qu'ils n'écoutent qu'eux-mêmes et leur véritable sentiment. C'est cette fatalité de suivre toujours comme des troupeaux les pas de quelques audacieux qui se mettent au-devant de nous, qui conduit la plupart des hommes à leur perte. Cette réflexion n'est pas de moi ; elle est d'un ancien philosophe accoutumé à observer les hommes et à les juger : « Nihil ergo magis
» prestandum est, » dit-il, « quam ne pecorum
» ritu sequamur antecedentium gregem,
» pergentes non qua eundum est, sed qua
» itur. Atqui nulla res majoribus malis im-
» plicat, quam quod ad rumorem compo-
» nimur : optima rati ea quæ magno assensu
» recepta sunt, quorumque exempla nobis
» multa sunt ; nec ad rationem, sed ad simi-
» litudinem vivimus. Inde ista tanta coa-
» cervatio aliorum supros alios ruentium....
» no cet enim applicari antecedentibus, et
» dum unusquisque mavult credere quam
» judicare, nunquam de vita judicatur,
» semper creditur ; versatque nos per manus
» traditur error ; alienisque perimus exem-
» plis. » *Senèque, de vita beata.*

VUES SOMMAIRES, *etc.*

En examinant l'état et les ressources des parties belligérantes, il est difficile de se persuader que la coalition puisse remplir l'objet qu'elle s'est proposé par la guerre; dans la position où est la France, qu'elle puisse se créer un gouvernement; dans les dispositions qu'on attribue aux émigrés, qu'ils puissent se rétablir dans leur pays. A travers ce conflit tumultueux d'événemens, ce qu'on voit de clair, c'est que la France est prête à périr par ses efforts, l'Europe par sa foiblesse, les émigrés par leur obstination.

Je cherche par-tout des moyens de restauration; je ne vois que des moyens de ruine. Tous les partis sacrifient leurs intérêts communs, et ne s'occupent que de leurs intérêts opposés : les engager à sacrifier leurs intérêts opposés, pour se réunir par les intérêts communs, tel est le but, tel est le plan de cet ouvrage.

A commencer par la coalition, il n'est pas étonnant qu'elle ne puisse poursuivre qu'avec peine une guerre qu'elle a si mal entamée. Les cabinets se sont placés par leurs fautes dans une position où il leur est difficile de les réparer. Ils ne peuvent persister dans les plans qu'ils ont adoptés; ils ne peuvent revenir aux plans contraires qu'on leur avoit proposés. De grandes victoires auroient peine à les remettre; de nouvelles défaites les mettroient en danger.

Il n'est pas difficile de trouver les raisons de la supériorité de la France. Le premier qui fit paroître dans les armées du canon et des éléphans, eut un grand avantage sur ses ennemis. Les moyens gigantesques de la révolution française ont eu le même effet. On est bien foible quand on s'obstine à demeurer aux moyens lents et routiniers d'une guerre ordinaire contre une guerre toute de fureur et d'enthousiasme. On est bien foible contre un vaste pays où tous les champs deviennent de la monnoie, tous les habitans des soldats. Que peuvent des revenus contre des capitaux, l'excédent de quelques produits contre une terre toute entière, quelques hommes contre toute une nation ?

Quand une puissance se développe d'une manière aussi formidable, et qu'on se propose de la détruire, il est évident qu'il faut l'attaquer à sa naissance, se hâter de la saisir, et ne plus la laisser échapper jusqu'à ce qu'on soit parvenu à l'anéantir. Mémorables journées de Mons et de Tournai !.... C'etoit alors qu'il falloit donner au brave Beaulieu les forces considérables avec lesquelles il n'a pu sauver l'Italie. C'étoit après la prise de Valenciennes, sous le règne de Robespierre, aux tems glorieux de la Vendée, que des tentatives hardies dans l'intérieur de la France pouvoient avoir de grands effets.

Mais après avoir laissé former la puissance la plus monstrueuse qui ait existé sur la terre; lorsqu'on n'a voulu lui opposer d'obstacles, que comme on en oppose à la poudre à canon, pour développer son impétuosité; lorsque d'une guerre de morale et de sûreté, on en a fait une guerre d'ambition et de conquêtes, et qu'à l'avantage des efforts s'est joint celui des succès, la perfection de l'expérience à la supériorité des moyens, faut-il s'attacher encore à des chances qui ne peuvent plus reparoître? A l'imprudence d'avoir négligé des mesures faites pour des tems favorables, doit-on ajouter celle de les reprendre quand ces tems n'existent plus ?

Je n'ignore pas que parmi nos politiques, il en est qui croient encore à la possibilité de soumettre la France. Tout entiers aux premiers événemens de cette guerre, ils citent avec complaisance la facilité avec laquelle les légions autrichiennes obtinrent d'abord des succès éclatans ; mais ils n'ont qu'à consulter dans les historiens de l'empire les détails des premières expéditions contre les Francs. Probus en tua quatre cent mille, dit Vopisque, et fit seize mille prisonniers (1). Malgré ce succès prodigieux, la constance des barbares finit par abattre ces armées jusqu'alors invincibles ; et Rome, maîtresse du monde, se vit bientôt en proie à des hordes qu'elle méprisoit.

La raison de ce grand événement, c'est que quand on a affaire à un peuple nouveau, si de l'enthousiasme et de l'impétuosité indisciplinée, on lui donne le tems d'arriver à l'ordre et à la méthode qui caractérisent une grande puissance, il n'est plus d'obstacles qui puissent l'arrêter.

---

(1) C'est à ce sujet que l'empereur écrivoit au sénat : *Illis sola relinquimus sola nos eorum omnia possidemus.* Vop. Hist. Aug.

Telle est en dernière analyse la cause de la supériorité actuelle de la France. Mais cette supériorité qui menace l'Europe, elle la doit à des efforts violens qui la menacent elle-même. A mesure qu'elle se compose comme puissance conquérante, elle se dissout comme état social. Peu-à-peu l'armée remplace la nation. Et que font des succès qui prolongent la guerre? Combien ne désireroit-on pas plutôt des revers qui amenassent la paix! L'Europe souffre de ses défaites, la France de ses victoires. Elle ne craint plus les armées ennemies, elle est accablée des siennes. Quel état que celui d'un pays où le service de la terre est remplacé par celui des armes, où les champs sont moissonnés pour les mains qui ne les ont pas cultivés, où tandis que les soldats vont conquérir au loin des contrées pour le gouvernement, le gouvernement ne semble avoir d'autre fonction que de conquérir le sol tout entier pour ses soldats! Il ne leur a pas encore partagé les terres, il leur en partage les produits. Encore quelque tems, et on verra des hommes haves et mourans de faim forcés d'abandonner une terre victorieuse, où il ne reste déjà plus de fer pour ouvrir la terre, plus d'animaux pour les usages de la vie, où le père de famille se voit arracher également et son fils et son pain, et le fruit de sa tendresse et celui de son industrie. Tel est l'état de la France.

Je sais qu'il est commun de faire à cet cet égard de grands commentaires sur la dépravation du cœur humain, ou sur la barbarie de ceux qui gouvernent. Quelques fondemens que puissent avoir ces allégations, elles ne sont nullement nécessaires pour expliquer l'état d'un pays qui, après avoir bouleversé toutes ses institutions civiles, les a remplacées par des institutions militaires; que les troubles intérieurs et extérieurs ont couvert d'armées, où tout est devenu la propriété de la guerre.

Sans doute ceux qui gouvernent emploient la violence contre les résistances qu'ils éprouvent. Ils envoient la terreur au-devant des obstacles qu'ils redoutent. Ils répandent le sang des hommes pour leur sûreté, comme on répand le sang des animaux pour sa subsistance. Entourés de dangers, ils ne s'embarrassent pas d'être féroces; il ne leur importe que d'être prudens. Or, c'est pour eux une grande et savante mesure de prudence, que de savoir se dégager de toutes les formes, de composer un gouvernement constant avec des mesures telles que celles qui se pratiquent dans un vaisseau en péril, ou dans une ville assiégée.

Et cependant qu'on s'en rapporte au génie profond de ces hommes qui ont appris à prévoir les événemens, comme les marins apprennent à prévoir les tempêtes; ils n'ont pas moins d'inhumanité qu'on ne leur en attribue, mais ils ont moins d'ivresse qu'on ne leur en suppose. Ils savent aussi bien que nous l'impossibilité de tenir dans une telle position. Ils ne se dissimulent pas les crises que leur préparent cette accumulation d'armées sur le sol étranger et sur le leur; cette intercallation monstrueuse des formes civiles et des formes militaires, de la liberté et de l'autorité, et toutes les suites de ces chocs inévitables entre l'oppression appuyée de la force des armes, et les opprimés appuyés de la force des loix.

Dans cette position difficile, si la terreur qu'ils éprouvent compose un instant leur union; si la terreur qu'ils envoient compose un instant leur puissance, ils n'ignorent pas à quels liens fragiles tiennent et cette union et cette puissance. Lorsque toutes les fortunes s'écroulent, que les malheurs se multiplient, que des résistances imposantes partent des formes mêmes de l'administration, des bases de la puissance, quelles resources peut-il rester dans l'action de ce corps à plusieurs têtes ? Son organisation monstrueuse vient encore ajouter aux difficultés. Il s'embarasse nécessairement dans sa marche, il se divise dans ses plans, vacille dans ses décisions, s'oppose bientôt à lui-même, et finit par périr de ses propres mains. Un autre se met à sa place, c'est pour y périr à son tour.

La guerre actuelle, qui est affreuse pour ceux qui la subissent, a donc aussi ses dangers pour ceux qui la commandent : on peut examiner encore l'espèce d'intérêt qu'elle peut avoir pour ceux qui la font.

Si l'armée française parvenoit à donner des loix à l'Europe, on peut croire qu'elle finiroit par vouloir en donner à sa patrie. Étrangère à toutes les fureurs de la révolution, à elle seule peut-être appartient d'en arrêter le cours ; à elle seule appartient de terminer d'une part cette longue carrière du génie et de la valeur ; de l'autre, cette longue séance du hasard et du crime.

Mais en supposant qu'elle demeurera indifférente

différente à des événemens auxquels elle a acquis tant de droit de participer, au moins peut-on supposer que la France une fois hors de danger, les puissances sincérement disposées à la paix, le sentiment du devoir et celui de l'honneur cessant de se trouver dans une guerre sans objet d'affection pour elle, comme sans motif d'intérêt, l'armée elle-même en solliciteroit la fin.

Voilà en effet ce que tous les rapports s'accordent à attester : c'est que l'armée au milieu même de ses victoires, est aussi lasse que l'Europe et la France d'une guerre à laquelle elle ne voit plus d'objet.

Tels sont les résultats d'un état de choses où chacun a sa part de souffrances et de dangers, et où personne ne paroît avoir de véritable intérêt.

Dans une telle position la France ne semble devoir continuer la guerre qu'autant qu'elle y sera condamnée par la nécessité. Avec tant de raisons contre la guerre, la guerre ne peut durer qu'autant qu'il s'en trouveroit encore davantage contre la paix. Ceux qui gouvernent voient bien d'un côté de grands désastres; d'un autre, ils en voient peut-être de plus grands encore. Un vaisseau

B

se fait sauter, plutôt que de tomber dans les mains d'implacables ennemis. Qu'on ôte à ceux qui combattent le prétexte d'honneur qui les attache à la guerre; qu'on offre à ceux qui gouvernent un salut assuré dans la paix; et dès ce moment la paix n'aura plus d'obstacles. Sans cela, les puissances eussent-elles désormais plus de succès, les français éprouvassent-ils de grands revers, on les verroit renouveller sans cesse les mêmes efforts, en reproduire peut-être de plus étonnans encore; et alors la France demeureroit ce qu'elle a été jusqu'à présent, un volcan qui embrâsant un vaste territoire, le rejette par lambeaux sur les territoires voisins. Elle périroit en ensevelissant l'Europe sous ses ruines.

Je passe actuellement aux émigrés. J'espère qu'on ne sera point blessé de trouver ici les intérêts d'une classe d'hommes, à côté de ceux des plus grandes nations. Ces intérêts ont trop de rapports avec les causes de la révolution française, sa durée ou sa fin, et par-là avec le repos de la France et la pacification de l'Europe, pour n'avoir pas une grande importance.

Les émigrés sont, pour la continuation de

la guerre, dans une position à quelques égards plus avantageuse que la coalition, car ils n'ont rien à perdre; et c'est en cela même qu'on en a fait une puissance. Les émigrés auroient pu se croire coupables, s'ils n'avoient acquitté ce qu'ils devoient à la fidélité; aujourd'hui ce n'est qu'en continuant à les proscrire qu'on peut les rendre dangereux; rétablis dans leurs foyers, ils ne le seroient pas. Si les émigrés rétablis dans leurs foyers conspiroient, ce ne pourroit être que pour des droits de féodalité, ou des distinctions de naissance, qui seroient généralement repoussés. Dans l'état actuel de la vanité et de l'opinion publique en France, des prétentions de noblesse ou de féodalité peuvent exciter la fureur ou la risée : la restitution pure et simple de leurs propriétés, hors quelques acquéreurs, ne blessera personne. On peut croire que les émigrés ont des adversaires dans quelques détenteurs de leurs biens; mais on ne peut contester qu'ils n'aient beaucoup d'amis dans la probité de ceux qui qui n'ont pas voulu en acquérir, ou dans l'envie de ceux qui n'ont pas pu en avoir. Il est naturel que de grandes victimes inspirent un grand intérêt; il n'est pas vraisemblable que ceux qui ont fait leur fortune au milieu des calamités publiques, en inspirent autant.

Si les émigrés veulent se tenir dans cette ligne, s'ils veulent noblement et généreusement oublier leurs ressentimens comme victimes, et leurs anciens droits, et leurs anciennes distinctions comme caste, je les crois très-forts. Leur petit nombre même n'est point une objection, car ils s'attachent alors aux intérêts de toute la France.

Mais si la république, en proscrivant les émigrés, a fait ce qu'il falloit pour les rendre dangereux, au-dehors on a fait tout ce qu'il falloit pour les empêcher de l'être. L'espèce de mesures qu'on leur a fait adopter devoit assurément avoir peu de succès; l'énonciation de leur objet ne devoit pas en avoir davantage.

Au milieu des germes de division qui couvrent la France, il est un point sur lequel on ne se divisera jamais, c'est le retour à l'ancienne monarchie sans modification. Il en est un autre sur lequel on se divisera encore, ce sont les privilèges du petit nombre à rapporter au milieu des jouissances de tous. Ce sont précisément les enseignes qu'on a prises. C'est avec ces enseignes qu'on a aspiré à soulever la France.

La guerre civile est certainement un grand fléau. C'est un grand malheur que d'être obligé de mettre sa part d'efforts et de courage au milieu des dissensions publiques ; mais quand on est forcé d'employer cette artillerie meurtrière, il faut au moins savoir la diriger avec l'art et le génie dont elle est susceptible.

Le premier point de la théorie des guerres civiles, c'est qu'il faut savoir mettre en mouvement des masses contre des masses. Ce n'est que de cette manière qu'on peut espérer de grands chocs, de grandes collisions, et par conséquent de grands résultats. Tout le monde a voulu commander des partis ; personne n'en a su faire. Persister à agiter des élémens épars et incohérens, continuer à les diriger contre ces masses nouvelles qu'a créées la révolution, c'est remuer du sable contre des rochers, c'est connoître la théorie des séditions et des mutineries, et non pas celle des guerres civiles.

Le second point, c'est qu'avec les intérêts de quelques individus (tout légitimes que puissent être ces intérêts), on ne parvient point à former de telles masses ni à les mettre en mouvement. Imaginer qu'un pays qui s'est soulevé contre les privilèges d'une caste peu nombreuse, se soulèvera de nouveau pour les leur rendre; qu'après s'être exposé à toutes les horreurs d'une révolution victorieuse, il en fera une seconde pour se dépouiller de ses conquêtes, c'est un rêve dont l'extravagance et la continuité n'ont point d'exemples parmi les hommes.

Et quand même ces dépouilles auxquelles nous attachons tant de prix, en auroient moins pour ceux qui les retiennent, il faut avoir bien peu d'idées de la nature du cœur humain, et des moyens par lesquels s'opèrent les dissensions publiques, pour imaginer que la guerre civile ira s'organiser pour des intérêts même légitimes, lorsque ces intérêts n'appartiennent qu'à telle classe ou à tel lieu. Ce qui affecte les grands pouvoirs, ce qui remue la multitude des intérêts particuculiers, les sentimens et dissentimens qui peuvent se généraliser ; voilà des élémens pour une guerre civile.

Et encore, avec des intérêts même généraux, s'ils ne dérivent que comme conséquences de pure spéculation politique, on n'obtiendroit aucun effet de ce genre. La révolution d'Amérique s'est faite pour une feuille de thé. Celui qui eût parlé trop tôt d'indépendance, l'eût peut-être fait échouer. Des intérêts particuliers vivement sentis par la multitude, qui affectent ses passions, qui parlent à ses sens : voilà ce qui soulève les peuples, et non pas de prétendus intérêts politiques, susceptibles peut-être de démonstration comme des propositions mathématiques, mais dont l'impression froide et fugitive ne peut par sa nature produire aucun mouvement.

S'il est possible d'élever encore en France une guerre civile, j'ai lieu de croire que ce ne sera pas pour l'objet spéculatif de telle ou telle forme de gouvernement. Soulevés une fois pour de grands intérêts, les peuples peuvent changer la forme de leur gouvernement; c'est pour lui attacher leur conquête. La république en France a été créée pour maintenir la révolution. Si la révolution vient à être terminée, peut-être que la monarchie sera créée à son tour, mais ce ne sera pas pour les intérêts du monarque et de ses partisans, ce sera pour empêcher le retour de la révolution.

Faute de connoître ces premiers élémens de la science des hommes et des révolutions, les émigrés n'ont cessé de raisonner et de s'agiter à contre-sens. Je ne doute pas qu'en abandonnant les intérêts qui les isolent pour s'attacher à ceux qui les rallient à la France, ils ne puissent encore acquérir de l'importance ; mais toute leur force est là ; tous leurs moyens consistent à savoir par leurs vues, par leur doctrine, se composer de manière à pouvoir être reçus comme élémens dans les scissions inévitables de la puissance qui règne. Sans cela, tant que cette puissance demeurera entière, je crains qu'ils ne fassent de vains efforts. Il faut qu'ils sachent que l'avantage que la république a sur les armées étrangères, elle l'a dans un autre sens sur tous les troubles intérieurs qu'ils pourroient élever. D'un côté elle développe le même art et la même méthode que ses ennemis, et elle a de plus qu'eux l'enthousiasme révolutionnaire ; d'un autre côté, elle a le même enthousiasme que les partis intérieurs qui la combattent, et elle a de plus qu'eux les avances et l'art d'une ancienne puissance.

Sous tous ces rapports, l'intérêt des émigrés se réunit à celui de la France et de l'Europe, pour la cessation de la guerre. Il importe à tous les partis de sortir de la ligne fatale sur laquelle ils se sont placés ; mais il n'est pas facile de leur en découvrir une nouvelle.

nouvelle. Je veux croire que la guerre est devenue impossible ; mais la paix n'en demeure pas moins extrêmement difficile.

Ce ne sont pas seulement comme autrefois des difficultés pour des limites, ou pour des restitutions de territoire. Je suis loin de contester l'importance de la Hollande et de la Belgique pour l'Angleterre, celle des Colonies et du Cap de Bonne-Espérance pour la France. Un changement dans l'ancienne balance de l'Europe pourra paroître aux uns un parti nécessaire, aux autres un sacrifice impossible. Ce sont, je l'avoue, de grandes difficultés ; et cependant, à mon avis, ce sont encore les moindres.

Je vais droit au grand obstacle : c'est la révolution française. Tant qu'elle durera, la France, l'Europe, les émigrés songeront vainement à la paix. C'est un monstre auquel il faut des troubles et du sang. Si on le prive de la guerre du dehors, il lui faut la guerre du dedans; si on veut avoir la paix au-dedans, il faut lui abandonner la guerre du dehors. La guerre tend à éterniser la révolution. La révolution, de son côté, tend à éterniser la guerre. Elles sont attachées ainsi à la même existence. Elles ne peuvent tomber que du même coup.

C

Que la France soit encore en état de révolution, une telle assertion trouvera certainement des contradicteurs, en France dans le gouvernement, en Europe dans certains cabinets.

Mais certains cabinets peuvent avoir leur raison, pour trouver que l'ordre est rétabli en France; le gouvernement actuel, ou plutôt la régence temporaire qui en porte le nom, a aussi les siennes pour faire croire que la révolution est terminée. On sait que l'assemblée constituante eut la même prétention en 1791, la convention en 93 (1). Tout cela ne change rien à la nature des choses ; c'est toujours la même anarchie, le même mouvement confus, suite de cette dislocation générale, qui après avoir détruit les anciens rapports, n'a pu leur en substituer de nouveaux. C'est la même fermentation qui, sur les débris des explosions pas-

---

(1) Il paroît que M. Camus, dans son rapport sur l'amnistie, s'est moqué de cette prétention. « *Au mois de juin* 1791, dit-il, *l'assemblée constituante s'imagina que la révolution étoit terminée* ». Pour ce qui est de la convention, Barère, en 1793, monta à la tribune exprès pour déclarer solemnellement que la France étoit en révolution.

sées, en fait craindre sans cesse de nouvelles. Cinquante villes mises en état de siège, trente départemens soumis au régime militaire ; par-tout une garde nationale instituée avec un service actif par détachemens connus sous le nom de colonnes mobiles ; tous les territoires mis à volonté hors la loi ; des contributions forcées, des réquisitions forcées, du papier forcé ; toutes les transactions bouleversées, toutes les conventions trompées, toutes les perceptions faites pour le moment ; des loix insensées remontant vers le passé, au lieu de se diriger vers l'avenir ; la fureur au lieu de législation ; des assignats et des mandats au lieu de finances ; des dépenses publiques absorbant toutes les fortunes particulières ; je ne sais si c'est là ce qu'on appelle un gouvernement.

On peut dire que ces désordres appartiennent aux besoins passagers de la guerre, et aux mesures tortionnaires qu'elle commande, et cela est vrai jusqu'à un certain point ; mais indépendamment des effets de la guerre, combien d'autres causes de troubles auxquelles la guerre étrangère n'ajoute rien, dont elle arrête peut-être même le développement !

Qu'on examine si la plus grande partie

des désordres actuels n'appartiennent pas aux désordres précédens, dont la nature est d'en produire sans cesse; s'ils n'appartiennent pas à la nécessité de ne laisser aucun repos à la conscience nationale; d'en prévenir à tout prix le retour et la réaction terrible; de s'emparer, par tous les moyens, de l'esprit public; de le dominer dans tous ses mouvemens, jusques dans les spectacles et dans les chansons! Mais sur-tout qu'on examine si ces désordres n'appartiennent pas au caractère qu'a acquis la révolution, et à la guerre éternelle qu'elle paroît avoir livrée à tout gouvernement, comme à toute propriété.

Si la révolution étoit un événement comme beaucoup d'autres, où on a vu le pouvoir passer d'une main à une autre, et s'y arrêter, son mouvement auroit une base fixe; il seroit possible d'en calculer les résultats; mais lorsque par un enchaînement de causes et de catastrophes successives, le pouvoir, après avoir été déplacé du sommet du trône, est arrivé de cascade en cascade jusqu'aux dernières classes du peuple, il n'est pas possible à l'esprit humain de prévoir où s'arrêteront les oscillations inséparables d'un tel ébranlement.

Ce qui est certain, c'est que le déplacement du pouvoir, quand il est ainsi à son dernier terme, mène, par une suite nécessaire, au déplacement de la propriété. Il est impossible que le peuple qui saisit la puissance, ne saisisse aussi la propriété : de cette manière, il n'y a bientôt ni propriété ni puissance. L'égalité des droits pour le fort seroit une chimère, si elle ne s'interprétoit par l'égalité du bien-être. La dissolution des propriétés a beau alors être rejettée en principe, elle revient comme conséquence. Elle se reproduit sous toutes les formes : proscription, confiscation, indemnité, dilapidation, contributions énormes, papier-monnoie ; tout se réunit pour entraîner les richesses avec les pouvoirs dans le même gouffre.

La mort de Robespierre n'a fait que ralentir cette marche rapide. Une partie de la France est demeurée dans cette direction, l'autre y résiste. Le jeu actuel des événemens est un brelan, où chacun a sa cave devant soi, et où ceux qui ont perdu, ou qui n'ont pas encore gagné, s'opposent à la fin de la partie. De-là l'origine de deux mouvemens bien distincts : l'un du gouvernement qui veut s'établir, l'autre de la révolution qui veut se conserver.

Par une suite de l'état actuel de la France, la révolution doit l'emporter sur le gouvernement, car elle a pour auxiliaire le gouvernement même. Il déteste la révolution, et il est obligé de s'y attacher. Il en a besoin pour toutes les mesures de la guerre ; il en a besoin pour consacrer ses usurpations présentes, ses violences passées. Comment le gouvernement pourroit-il s'établir, lorsqu'il ne peut même créer la justice ? Il ne peut donner la moindre impulsion à la conscience publique sans risquer sa propre sûreté. Ses injustices présentes lui paroissent une sauve-garde contre ses injustices passées. Froissés au milieu de tant de chocs, les propriétaires sont également les ennemis du gouvernement qui les dépouille, des indigens qui les massacrent, de la révolution qui les dévore.

Dans une semblable position, quelqu'écart que se permettent les révolutionnaires, j'ai peine à croire que le gouvernement se hasarde à les frapper trop fort. A quelques égards ils sont ses ennemis, à beaucoup d'autres ils sont ses satellites nécessaires. Il peut avoir des démêlés avec eux, comme la Porte en a avec ses janissaires; mais s'il lui est possible de les punir, il lui est bien difficile de les sacrifier; et ce n'est pourtant qu'en les sacrifiant, en abolissant totalement leur influence, que la révolution pourroit se terminer.

Étrange situation de ce gouvernement ! Obligé de s'allier avec ses ennemis même, toujours foible et toujours violent, impuissant au milieu de ses armées, abattu au milieu de ses victoires, il ne sait ce qu'il veut, car il ne peut rien vouloir. Sans cesse armé par le besoin contre sa propre volonté, aucun plan, aucune marche fixe ne peuvent entrer dans sa conduite. Il a également à trembler de l'équité et de l'iniquité, de la liberté et de l'autorité, de ceux qui ont quelque chose et de ceux qui n'ont rien, de la durée de la révolution et de sa fin.

Il dit dans ses proclamations qu'il veut faire cesser la révolution. Je le crois. Mais cependant c'est son seul état ; une fois séparé du tronc vivace qui la produit, que deviendra-t-il sans racine au milieu des secousses ? Il dit qu'il veut établir la liberté; mais quel espace ne laisseroit-il pas alors aux mécontentemens particuliers, ainsi qu'à une réaction générale ? Il voudroit créer un esprit public qui le soutînt ; il craint d'en créer un qui le domine. Il craint la justice à cause du passé, l'injustice à cause de l'avenir. Au milieu de toutes ces tendances contradictoires, changeant à chaque instant de position, assailli des plaintes des opprimés, des cris des oppresseurs, froissé par le ressort de toutes les passions et de tous les intérêts ; ajoutez à tous ces embarras ceux d'une organisation monstrueuse, et on comprendra sans peine les souffrances qui doivent résulter d'une semblable situation.

Certainement les puissances sont dans une position très-critique, car elles ont peu de moyens pour faire une bonne guerre, et elles n'en ont pas davantage pour se procurer une bonne paix. La France, avec sa révolution et ses armées, n'est pas dans une situation plus avantageuse ; il lui seroit très-funeste de les conserver ; il lui est extrêmement difficile de s'en délivrer. En faisant cesser tout-à-coup sa révolution, elle ne se livreroit pas seulement à des réactions dangereuses, elle s'ôteroit encore tous les moyens de la guerre, elle demeureroit à la merci des forces étrangères. Si elle faisoit cesser tout-à-coup la

guerre

guerre étrangère en conservant sa révolution, elle demeureroit à la merci de ses troubles intérieurs.

Or, si la paix du dehors ne fait que compromettre sa sûreté au-dedans, il est clair que la France ne voudra pas sincèrement la paix; si la paix du dedans lui paroît devoir s'obtenir par la guerre du dehors, quelles que soient ses démonstrations extérieures, qu'on soit sûr que c'est la guerre où elle tend.

Espérer qu'au moyen de la paix les armées de la France et les torches de sa révolution se tourneroient contre elle; que la France, en se déchirant de ses propres mains, respecteroit religieusement le repos de ses voisins, est une chimère qui ne mérite aucune attention. Rendus un instant aux mouvemens de dissension qui les menacent, les chefs de la république la soustrairoient bien vite à cet état dangereux. Les tyrans sont vaincus, diroient-ils, ils ne sont pas subjugués. Toutes les forces extraordinaires de la guerre demeureroient en état. Après la paix simulée qu'ils firent au mois de juillet avec leur souverain, ils lui firent renvoyer ses troupes et conservèrent les leurs. Ils se conduiroient de même envers les souverains étrangers. Bientôt ils verroient des conspirations dans toutes les parties de l'Europe, comme ils en voyoient dans toutes les parties de la France. Non-seulement ils croiroient devoir s'entremettre dans tous les différends politiques des nations, mais même jusques dans leurs démêlés interieurs ; ils se déclareroient, comme les romains, les arbitres et les pacificateurs universels. Les mécontens de tous les pays compteroient sur la puissance française, comme sur un appui assuré. Ils seroient juifs à Rome, protestans en Espagne, catholiques en Irlande, presbytériens à Londres. Ici ils déclareroient la guerre, là ils l'exciteroient ; par-tout les fermens de leur révolution trouveroient un auxiliaire dans la terreur de leurs armes ; par-tout la terreur de leurs armes trouveroit un conducteur dans le ferment de leur révolution. Et que sais-je ? dans l'aveuglement des passions, tout le monde sans le vouloir, ou sans le savoir, concourroit peut-être à la favoriser. Des pontifes ont armé des hérétiques contre des fidèles, des souverains ont sacrifié les liens du sang à des vues de politique. La révolution française mettroit de même à sa solde toutes les ambitions et toutes les haînes ; elle gagneroit ainsi de proche en proche jusqu'à ces contrées reculées qui, défendues par les mers ou par les frimats, se croient aujourd'hui dans une rade à l'abri de ses atteintes.

Pour savoir jusqu'à quel point sont fondés ces présages, qu'on interroge un grand nombre de ministres étrangers qui ont été en mission auprès de la république, qu'on se rappelle la conduite d'un grand nombre de ministres de la république qui ont été à l'étranger. Tant que durera la république française, que les puissances cessent de croire à la possibilité d'une paix durable : que la France revienne également de cette folle espérance d'avoir un gouvernement et la paix.

Pour ce qui est des émigrés, une paix qui les laisseroit hors de leur patrie leur seroit étrangère. Je n'ai point à m'en occuper.

Une paix qui, leur imposant seulement des sacrifices, leur présenteroit à l'avenir la perspective du repos et d'un ordre constant, pourroit fixer honorablement leurs vœux. Oui, si la France peut redevenir encore l'asyle de la justice, de quelque privation que soit suivie leur nouvelle existence, les émigrés peuvent se trouver heureux de revoir la demeure de leurs pères.

Mais une paix qui les lieroit à la révolution subsistante, qui les feroit rentrer sous le régime des torches ou sous celui des échafauds, quel avantage pourroit-elle leur offrir ? Que nous feront les délices de cette cité superbe, si le sang innocent y coule au milieu de sa boue impure ? Que nous importe de retrouver des amis sous une révolution qui les assassine ; quelques propriétés sous un gouvernement qui les envahit toutes ? O vous qu'on veut séduire par l'appas de quelques illusions !

Heu ! fuge crudeles terras, fuge littus avarum.

Sous tous les rapports, une paix qui laisseroit subsister la révolution française, seroit aussi fâcheuse que la guerre. Le point de la difficulté est de faire cesser tout-à-la-fois la guerre et la révolution. C'est à atteindre ce but difficile que vont tendre mes recherches ultérieures.

L'objet de la révolution pour la France a été une nouvelle forme dans le gouvernement, une influence politique dans les diverses classes du peuple, une abolition totale des places et des droits de la féodalité. L'objet de la guerre a été pour elle d'assurer son indépendance, de conserver les conquêtes de sa révolution.

A ces intérêts généraux s'en joignent aujourd'hui de particuliers. Ceux qui ont la puissance veulent la conserver; ceux qui ont des richesses et des places ne veulent pas les perdre. Tous craignent les effets d'une réaction contre les injustices et les violences passées; ils ne veulent pas s'y exposer.

Les puissances, en acquiesçant à tout ce qui a été pour la France l'objet de sa guerre, ne laissent plus aucun prétexte aux obstacles qu'on pourroit opposer à la paix.

Les émigrés, en acquiesçant à toutes les conquêtes de la révolution, en abdiquant des prétentions et des souvenirs inutiles, retrouvent des partisans dans presque tous leurs ennemis.

L'acquiescement des puissances produit la paix du dehors; il légalise la nouvelle existence de la France dans ses rapports extérieurs.

L'acquiescement des émigrés affermit la paix au-dedans; il légalise la nouvelle existence de la France dans ses rapports intérieurs.

Jusqu'à présent le gouvernement n'a eu au-dehors et au-dedans d'autre puissance que la force : il reprendra celle de la justice. Au lieu de cette influence de terreur qui agit sur les sens, il recouvrera cette influence morale qui agit sur les volontés et sur les consciences. On ne connoît plus en France de droit et de loi que le succès ; l'acquiescement général y rapportera de la moralité, sans laquelle il n'existe ni ordre, ni moyen de gouvernement.

Eh quoi ! dira-t-on, consacrer l'injustice ? mais s'y soumettre, ce n'est point la consacrer, c'est la réparer. Et par qui la France peut-elle être mieux absoute des injustices de sa révolution, que par ceux qui les ont souffertes ? Chez nos ancêtres, les droits les plus sacrés étoient mis au hasard des combats. Nous avons livré les nôtres au hasard de la guerre. Il faut bien en subir le sort.

Toute la question roule manifestement sur ce point : Si la France sage dans ses victoires veut se contenter d'avoir rempli l'objet de sa guerre et de sa révolution, elle est sûre de la paix. Si la France ivre et ambitieuse veut outre-passer le but de sa révolution et de sa guerre, elle ne peut compter sur une paix durable ; elle, demeure dans le même cercle de malheurs et de dangers.

Quand je dis que la France doit se contenter d'avoir rempli l'objet de sa guerre, j'entends qu'elle n'a aucun intérêt à des envahissemens ; et cependant ceux qui gouvernent peuvent se trouver dans de telles circonstances, qu'il leur seroit difficile d'obéir à ce principe dans toute sa rigueur. Ils peuvent être entraînés par leurs victoires au-delà de leur volonté ; ils ont à ménager leur propre dignité, la fierté nationale, l'orgueil même de l'armée. A tout prendre, si les puissances n'avoient à subir que des pertes légères, je puis croire qu'elles gagneroient encore assez dans une paix, où la France consentiroit à faire cesser sa terrible révolution, et à se donner un gouvernement.

Mais je ne puis porter la même indifférence sur des vues d'envahissement. Quelque penchant que j'aie à tout ce qui peut contribuer à l'avantage de ma patrie, un projet qui tendroit à lui donner pour bornes toutes les Alpes jusqu'au Rhin, et tout le Rhin jusqu'à la mer, me paroîtroit un délire d'ambition.

Je sais que les partisans de ce projet ne sont point rebutés des difficultés. Les bouleversemens ne leur coûtent rien. La réunion de la Bavière, la sécularisation de tout le reste des souverainetés ecclésiastiques de l'Allemagne leur paroissent des mesures simples et indispensables. C'est là qu'ils voient que l'Autriche, la Prusse et quelques autres princes trouveroient des aggrandissemens proportionnés, ou des dédommagemens convenables.

Pour combattre un tel système, je n'invoquerai ni le traité de Westphalie, ni les avantages *ancien régime* de l'Europe ; je sais que de vieilles chartes ou des conventions antérieures ont toujours peu de valeur auprès de la puissance des événemens ; mais en consultant l'intérêt de la France, je ne puis voir cet intérêt dans vos spoliations odieuses ; je ne puis trouver un avantage dans la réunion violente de plusieurs peuples, de génie, de langue et de mœurs étrangères, qui étendant le territoire français beaucoup au-delà de ses places fortes, laisseroit celles-ci dans un emplacement qui en diminueroit l'importance, en livreroit l'entretien dispendieux au hasard de la négligence, à la tiédeur de la sécurité. Quelque spéculation qu'on fasse, je ne puis voir la France mieux défendue

par

par le Rhin, que par le triple rang de ses places fortes. Les événemens actuels ont fourni à cet égard une telle expérience, qu'il me paroît au moins imprudent de se mettre au hasard d'une situation nouvelle.

Si le bouleversement qu'on projette présente en lui-même peu d'avantages pour la France, d'un autre côté il blesse tant d'intérêts, il laisseroit des souvenirs si amers, des ressentimens si vifs, que la paix qui se produiroit dans ces dispositions ne pourroit promettre beaucoup de solidité.

Et cependant c'est à la solidité de la paix que la France avant tout doit prétendre. Son intention n'est pas d'avoir éternellement une révolution à ses ordres, pour fournir aux mesures d'une guerre violente et désespérée. La fièvre actuelle une fois tombée, on sera étonné de l'atonie et de l'affoiblissement qui lui succédera. L'Europe se reposera et sentira ses forces; la France se reposera et sentira ses déchiremens et ses blessures. Ou je me trompe bien, ou d'ici à long-tems la guerre y sera en horreur autant que la famine et la peste. C'est alors qu'elle trouvera dans son équité passée un appui qu'elle aura perdu dans ses forces.

D'un autre côté, quel but pourroit-elle se proposer dans une conduite ambitieuse ? Les rois ou les sénats héréditaires, qui regardent leurs états comme leur patrimoine, peuvent attacher à cette possession des idées d'aggrandissement qui s'attachent à toutes les possessions; mais un directoire, une représentation fugitive, que peuvent-ils faire de mieux dans l'esprit de leur institution, que de terminer une guerre dangereuse, avec toutes les conditions convenables à l'honneur de la France et à sa sûreté ?

Enfin dans la position où est la France, dans l'absence du numéraire et de tout commerce, dans le désordre où sont ses finances, que peut-elle faire de mieux que de recouvrer par la paix les moyens de les réparer ? Or l'Angleterre, cette puissance si compacte, dont une guerre désastreuse n'a pu atteindre les ressources et le crédit; l'Angleterre qui a fait des conquêtes importantes dans les Deux-Mondes, et qui est au moment d'en faire de nouvelles, croit-on qu'elle ira les rendre, si la France s'obstine à garder les siennes ? Encore une fois, je ne crois pas qu'il soit de l'intérêt de celle-ci de sacrifier de tels avantages à l'éclat d'un aggrandissement, ou d'exposer la gloire qu'elle a acquise sur le Continent, aux hasards moins avantageux pour elle d'une guerre maritime.

Les mêmes principes doivent gouverner la conduite de la France envers les émigrés. Elle a le même intérêt à s'en tenir envers eux à l'objet de sa révolution, qu'envers les puissances à l'objet de la guerre. Des émigrés proscrits peuvent paroître dangereux ; on peut les regarder comme les auxiliaires naturels de ceux qui veulent des troubles, parce que ces troubles, tendant à déplacer ceux qui possèdent, offrent toujours des chances à ceux qui ne possèdent rien. Mais par la même raison, des émigrés rétablis dans leurs foyers, des émigrés las des troubles, sont nécessairement les ennemis de nouveaux bouleversemens. Comme de nouveaux bouleversemens, s'ils surviennent, ne peuvent jamais se diriger vers le rétablissement de la noblesse et de la féodalité, il est évident qu'ils ne sont point de nature à intéresser les émigrés. Si on ne regarde pas ceux-ci comme dangereux hors de France, ils peuvent l'être encore moins dans l'intérieur; s'ils ne sont pas dangereux réunis, ils le seront encore moins dispersés; s'ils ne sont pas redoutables combattant pour leurs foyers et pour leurs propriétés, comment espéreroient-ils de le devenir en s'armant pour des distinctions?

Sans doute lorsqu'une grande révolution s'est opérée, lorsqu'elle a entassé sur une immensité de ruines une immensité de nouvelles productions, il peut être impolitique de fouiller à travers ces ruines, et de faire tomber une seconde fois ce qui existe, pour rétablir ce qui existoit ; mais toute la conséquence de ce principe, c'est qu'il faut conserver les produits de la révolution, et non pas son mouvement. On s'établit sur une lave refroidie et non pas sur une lave brûlante ; ce sont les résultats fixes qu'on peut consacrer en France, et non pas les résultats mobiles ; ce qui tend à arrêter les désordres et non pas à les perpétuer ; ce qui peut refaire une conscience publique, ramener le règne de l'équité, et non pas le principe des proscriptions qui l'éloignent sans cesse ; en un mot, c'est la France *révolutionnée* qu'une politique sage peut vouloir conserver, et non pas la France révolutionnaire.

Pour ce qui est de nos biens, ils peuvent offrir quelqu'intérêt à la dilapidation de certains administrateurs, ou à la cupidité de quelques acquéreurs; mais de quelle utilité sont-ils aux finances de l'état, puisqu'aucun papier n'a jamais pu se conserver avec leur hypothèque? leurs détenteurs sont trop sensés pour les avoir regardés autrement que comme des gages temporaires. L'état leur doit des indemnités. Leurs justes réclamations seront consacrées dans la dette publique. L'ordre une fois rétabli, leur fortune sera bien plus sûre là, qu'elle ne l'est aujourd'hui sur un sol qui leur sera toujours contesté, et que la révolution subsistante ne manqueroit pas de leur reprendre. L'opulence qui a été en état de faire ces acquisitions, si elle est prudente et équitable, ne pourra qu'être empressée à voir consacrer un ordre de choses qui garantira enfin à tous la sûreté et la propriété.

A l'égard de ceux dont l'égoïsme mal éclairé ne compteroit pour rien les avantages d'une réconciliation générale, ceux-là inspireront peu d'intérêt. Ceux qui ont augmenté leur fortune là où tous les autres ont vu périr la leur; ceux qui ont exploité à leur profit les calamités publiques, n'auront jamais plus de faveur que ceux qui les ont souffertes.

On parle des finances, on est étonné qu'elles ne puissent se rétablir à force de proscriptions et de confiscations particulières : c'est que la fortune publique marche toujours du même pas que l'ordre public. Tout ce qui suppose l'absence de la justice fait fuir la confiance. Si une banque particulière cesse d'avoir du crédit du moment qu'elle se trouve sous la main du gouvernement, c'est qu'on suppose que le gouvernement pourra être plus fort que la justice. Le discrédit des mandats et des assignats se trouve dans cette théorie. On ne doit pas être surpris que la confiance repousse des mains du gouvernement des signes qui attestent ses violences, et qui sont produits dans ses convulsions.

Le retour des émigrés s'attache donc sous tous les rapports à toutes les idées fondamentales d'ordre public, à toutes les mesures de réparation, à tous les moyens nécessaires pour achever de détruire le mouvement révolutionnaire, affermir la paix publique, rassurer la confiance, faire croire efficacement au retour de l'équité.

Après les horreurs d'une grande révolution, quel exemple pour la France, que l'adhésion sincère des émigrés à un ordre de choses si étranger à leurs habitudes? qui auroit à se plaindre de ses pertes auprès de leurs pertes? qu'il aura de grandeur pour la morale ce passage subit de l'ancien éclat à l'obscurité, de l'ancienne magnificence à la simplicité, de l'ancien tourbillon d'une vie mondaine à des mœurs simples et domestiques? quel effet ne fera pas leur soumission sur la confiance, leur résignation sur les murmures? à la fin des grands orages qui ont bouleversé les moissons, chacun vient reconnoître comme il peut son champ écrasé sous le poids des glaçons. A la fin d'une révolution chacun vient de même reconnoître son champ, et glaner comme il peut ce qui a échappé à la faulx des événemens.

Placés sur cette ligne, abdiquant noblement et franchement leurs anciennes prétentions et leurs anciens ressentimens, les émigrés trouveront toute la France empressée à les recevoir. Le gouvernement voudroit les repousser; il ne le pourroit pas. Au milieu de l'enthousiasme d'une paix et d'une réconciliation générale, rien ne pourroit contenir les voix qui appelleroient les parens, les amis, les frères, les enfans du dehors.

Une grande injustice peut être maintenue par la puissance d'un roi ou d'un sénat, contre tout l'effet du scandale public; mais une grande injustice qu'on veut rendre nationale ne peut durer, quand elle n'a pour appui que quelques intérêts particuliers. Du moment que l'esprit révolutionnaire, attaché aujourd'hui à la conscience publique, cessera d'en tourmenter les mouvemens; lorsque la lassitude de cet état douloureux ramènera enfin un peu de justice et de repos, avec quels sentimens d'intérêt ne se rappellera-t-on pas les causes qui nous ont fait quitter notre patrie!

Du moins dans les autres révolutions de la terre, le changement d'une dynastie, quelques variations dans les formes de la puissance, quelques atteintes à de légers intérêts, n'offensoient que dans quelques points l'honneur, le devoir, tous les sentimens; mais une révolution qui brûle les maisons dans ses accès de fureur; qui dépouille ses victimes dans ses momens de calme; qui porte par-tout le massacre et les torches dans ses momens de délire; qui en consacre froidement les résultats dans ses momens de repos; une révolution qui ne
dérange

dérange pas seulement le système de gouvernement, qui dissout le système social ; qui ne se contente pas de nous couvrir de boue et de sang sur la place publique ; qui va nous chercher jusques dans les temples ; qui fouille dans le tombeau de nos pères ; qui, auprès d'un million de furies, isole une caste particulière, la tient en réserve, et l'envoie par lambeaux à leurs fureurs......
Eussions-nous été dignes du nom de français, si l'indignation n'étoit entrée dans nos cœurs, si nous n'eussions porté par-tout le sentiment du désespoir et celui de la vengeance ? Que dans les élans d'un sentiment aigri nous ayons outre-passé les mesures convenables ; que l'exagération des idées, que l'absurdité des projets soient sorties de la violence de toutes nos impressions ; ces convulsions de la douleur, au milieu des tortures et de l'ignominie, sont les écarts légitimes d'une sensibilité honorable offensée dans tout ce qu'elle a de cher.

En nous justifiant par les circonstances, seroit-il possible de nous accuser par les principes ? Toutes les bases d'une constitution libre, ne les avions-nous pas avouées ? Tous les élémens d'un gouvernement sage, ne les avions-nous pas consacrés ? Tous les sacrifices de droits et de privilèges, ne les avions-nous pas faits? Et lorsque les uns nous accusent d'avoir produit un bouleversement en voulant des réformes, d'autres peuvent-ils nous accuser, après avoir voulu des réformes, de n'avoir pas voulu un bouleversement? On nous appelle *rébelles à la révolution*; notre justification est dans cette accusation même. Si la sagesse est de se soumettre à une révolution quand elle est faite, nous demanderons à toute la terre, si le devoir n'est pas de la combattre quand elle paroît ; si cette qualification de *rébelle à la révolution* n'est pas synonyme de celle de fidèle aux loix établies; et si ce n'est pas une insulte à la raison et à la morale, que de transformer en crimes d'état la fidélité aux loix de son pays ?

Oui, quoiqu'on pense encore des émigrés, le flux de la révolution a pu les emporter hors de leur terre natale; le reflux de la raison et de la justice les y ramènera. L'intérêt de ceux qui gouvernent est de prévenir et de seconder ce mouvement inévitable, en le combinant de manière à assurer l'honneur de tous, la sûreté de tous, l'intérêt de tous.

J'ose dire que c'est en France un vœu général. Je n'ignore pas que le retour de l'ordre éprouvera encore bien des obstacles; mais ces obstacles sont plus dans les choses que dans les hommes. Les membres honnêtes des deux conseils, le directoire, les administrateurs, les ministres, tous sont entraînés vers l'injustice; mais tous la détestent. Des mesures féroces sont encore employées comme mesures de sûreté; elles sont abhorrées par ceux mêmes qui les exécutent. Les émigrés que le gouvernement se croit obligé de haïr, trouvent par-tout, quoiqu'il fasse, des témoignages de bonté. Ce mouvement général est plus fort que le gouvernement même qui a été obligé de mettre dans ses mains le soin de leur persécution. Ainsi, si tout le monde est encore entraîné par un reste de ce mouvement qui a tout bouleversé, tout le monde soupire après la fin des calamités. On est encore dans le gouffre de la révolution, mais on en veut sortir.

Il faut ménager comme un bienfait du ciel cette nouvelle direction des esprits. Dans tous les partis, il faut la favoriser par sa résignation et par ses sacrifices, par la modération de ses maximes, par la sagesse de sa conduite, ne l'alarmer par aucune menace; ne la détourner par aucune mesure, ne vouloir être puissant que pour la seconder, n'entrer dans son mouvement que pour lui obéir; la servir par ses lumières, la défendre par son courage, et voir dans tous ceux qui partagent ces dispositions, quelle qu'ait été leur conduite passée, ses amis présens, les amis du bien public.

Pour parvenir à ce but, tous ceux qui y tendent doivent se croire du même parti; ils doivent se rallier sur ces deux points: anéantir le passé, s'emparer de l'avenir; embrasser dans la morale et dans la religion tout ce qui commande l'oubli du passé; fixer des principes qui saisissent et qui dominent l'avenir.

Je dis anéantir le passé. Les ressentimens des victimes, les craintes des oppresseurs, tant d'exemples de succès pour le crime, d'ignominie pour l'honnêteté et pour la vertu; voilà ce qui corrompt d'un côté toutes les idées, de l'autre tous les sentimens de paix; voilà ce qui rend le passé le plus terrible ennemi de l'avenir. Il faut détruire l'un pour conserver l'autre.

On a beaucoup parlé d'amnistie; mais si

ce n'est point aux foibles à proclamer des amnisties, ce n'est point non plus aux victimes à recevoir des pardons. Une rémission sincère ne peut s'établir de cette manière, ou le coupable seroit celui qui feroit grâce, l'innocent celui qui la recevroit. Une amnistie, pour avoir aujourd'hui ce caractère de convenance et de sincérité, qui fait que la confiance s'y attache, doit s'éloigner de toutes les formes ordinaires: ce ne doit plus être une mesure composée pour la politique; elle doit être essentiellement morale; elle doit atteindre toutes les consciences, s'emparer de tous les sentimens, pénétrer avec la religion, l'honneur et les loix dans tous les devoirs.

Au-dedans on n'a pas eu à cet égard des idées plus justes qu'au-dehors. Dans le rapport de la commission des onze sur l'amnistie décrétée ensuite par la convention, il a bien été reconnu *que la révolution ne pouvoit être regardée comme terminée sans une amnistie..... qu'aucun gouvernement ne peut s'établir sans l'oubli des fautes et des erreurs qui ont précédé et même troublé ou retardé sa formation;* mais il ne paroît pas qu'on ait compris l'espèce de mesures qui convient à la France.

Dans une révolution, où toutes les passions ont été lâchées à-la-fois sur une vaste contrée, comme les vents sur la surface de l'onde, dans un bouleversement où tous les élémens du monde moral ont été confondus, et où des hommes en délire ont été précipités aveuglément les uns sur les autres; si l'on en excepte un petit nombre de crimes révoltans, que de mains homicides appartiennent à des cœurs purs! que de mains qui paroissent pures et qui appartiennent à des cœurs homicides! que d'hommes coupables à cause des circonstances! que d'hommes honnêtes grâce à leur impuissance! Dans un tel état de choses, la puissance n'a pas plus d'avantage que la foiblesse; aucune apparence ne peut motiver un jugement. Toute rémission doit être un pardon d'individu à individu, un jubilé accordé par tous, reçu par tous.

Je trouve dans nos tems anciens un exemple de l'espèce des mesures qui me paroît convenir à le situation de la France. Dans ces temps où la fureur des guerres particulières entretenoit des animosités éternelles, la religion qui étoit l'esprit public, vint offrir aux hommes sa bienfaisante médiation. L'autorité royale imita ce grand exemple; les seigneurs le suivirent. Telle fut l'origine de ce qu'on appela la paix de Dieu, la paix du roi, la quarantaine, les assuremens...(1) Malgré la barbarie des tems, il paroît que toutes ces sauve-gardes furent extrêmement respectées. L'infracteur étoit condamné à la peine de mort; *car ce est appelé trieve enfreinte qui est un des grands traisons qui soit.* Etabl. S. Louis; ch. 9.

Qu'une paix de l'ordre public remplace aujourd'hui les anciennes paix de Dieu, du roi, les assuremens; qu'elle soit instituée pour effacer de tous les cœurs, et s'il se peut de tous les souvenirs, le sentiment du passé; qu'une fédération générale, précédée de fédérations locales dans toutes les parties de la France, vienne consacrer au nom de la religion, de l'honneur et de la patrie, l'abolition de tous les délits et de toutes les violences.

―――――――――

(1) La quart manière commant la guerre faut, dit Beaumanoir, si est par assurément, si comme quand li sires commant les partiés cievetaines à assurer l'un l'autre.

» Pour donner à cette grande mesure tout l'effet dont elle est susceptible, il faut qu'elle se prononce d'une manière pompeuse et solemnelle; qu'elle se fixe dans la conscience, en pénétrant le cœur et les sens. Chez les peuples religieux, après les grandes batailles, on s'accorde quelque tems pour ensevelir les morts; avant tout, qu'une fête lugubre en l'honneur des victimes de la révolution, soit une dernière sépulture accordée par le respect et par la douleur.

Le passé une fois enseveli, ainsi que tout ce qui lui appartient, la fête de la réconciliation générale aura nécessairement plus d'effet. Ceux qui gouvernent, dégagés d'un poids immense, pourront plus à leur aise s'emparer de l'avenir, et lui imposer les formes sacrées de l'ordre et de l'équité.

La première mesure alors dont ils doivent s'occuper, c'est de se défaire de cette force générale qui les empêche d'avoir une force publique, qui oblige à la violence, qui perpétue les formes révolutionnaires, qui dissout tout esprit public, seule base du gouvernement.

Certainement un peu de force est nécessaire à un gouvernement; il en a besoin pour arrêter

arrêter les passions qui s'égarent; mais pour comprendre comment trop de forces affoiblit l'organisation sociale, en détruit même l'existence, il ne faut que se demander d'où provient la force publique. C'est de l'avantage du petit nombre armé sur le grand nombre qui ne l'est pas. Ainsi, plus il y a d'hommes armés, plus la force est générale, moins il y a de force publique.

Les conséquences d'un tel état de choses sont fâcheuses encore sous d'autres rapports. Quand tout un pays est sous les armes, les mœurs y deviennent nécessairement militaires. Là où les liens suffisoient, il faut employer des cables. Des formes rudes et grossières remplacent les nuances douces de la civilisation, et ramènent à l'état barbare. On a alors des soldats et non pas des citoyens. Il faut discipliner un tel pays comme on discipline une armée. La terreur seule peut y produire l'obéissance. La force ne connoît au-dessus d'elle que la férocité. Dans un tel mouvement, les formes de la liberté, les nuances de la délicatesse, les principes de la morale, tout ce qui appartient à l'état civil, ne peut avoir de place. On a un état continu de guerre et de révolution, et non pas un gouvernement.

G

Mais ce n'est pas tout; en supposant que la force publique fût rétablie comme elle doit l'être, ce seroit encore se tromper que d'en faire le moyen principal du gouvernement. S'il existoit un pays sans esprit public, sans mœurs publiques, où les consciences particulières pourroient s'absoudre de tout, ne se reprocher jamais rien, tous les individus y seroient par rapport aux loix de police, ce que les voleurs sont par rapport aux loix de propriété, ce que les brigands dans les grands chemins sont par rapport aux maréchaussées; l'appareil de la force auroit beau s'y montrer, il n'auroit aucun effet.

Examinons les états qui sont sous nos yeux, ils ne sont généralement tranquilles, que parce que la force y a peu de mouvement. Un esprit public est établi dans toutes les classes, de manière que la pensée seule d'une action honteuse y fait frémir la conscience, révolte la délicatesse.

C'est la même raison qui fait que dans certains pays les coutumes y sont religieusement observées. Toute la puissance des despotes n'a pu quelquefois réussir à faire renoncer un peuple à telle partie de ses usages ou de ses vêtemens. Dans les états despotiques, le souverain fait quelquefois des actes de tyrannie ; mais il n'a pas besoin pour cela de la force. L'esprit public y est établi de manière, que les ordres du souverain y sont regardés comme des décrets du ciel. Sans ce préjugé, le despotisme n'existeroit pas. C'est la force de ce même esprit qui, dans l'Orient, constitue des mœurs, telle que le sultan lui-même ne peut les enfreindre. On le dit au-dessus des loix ; mais non pas au-dessus des mœurs. La moindre infraction dans les rites religieux ou civils compromettroit sa sûreté.

Ainsi, par-tout, même dans les états despotiques, c'est par le mouvement général des consciences, c'est par l'esprit public qu'on règne, et non par la force.

Or, un bon esprit public ne se compose que par l'équité. Le brigandage est essentiellement anarchiste. Une société même de voleurs ne peut subsister par la force. Elle est obligée de se soumettre à des conventions d'équité. L'équité seule peut gouverner. L'équité seule a une mesure constante. La loi elle-même dans son acception générale ne semble être autre chose que l'équité. En effet, le respect des peuples pour la loi ne se rapporte point à la fantaisie ou à la force de celui qui l'a faite, mais à la justice suprême dont on la suppose l'expression. Le statuaire ne fabrique pas les dieux, mais leur ressemblance; le législateur ne produit pas la loi comme son œuvre, mais comme une émanation de cette raison suprême et éternelle qui gouverne le monde par sa sagesse (1).

Ainsi, un véritable gouvernement ne pourra s'établir en France, que quand il saura se donner pour appui un bon esprit public, composé sur le fondement de la morale et de l'équité, quand on y verra les institutions militaires remplacées par les institutions civiles; la loi substituée à la force, un retour

---

(1) Video legem, dit Cicéron, neque hominum ingeniis excogitatam, nec scitum aliquod esse populorum, sed eternum quiddam quod universum mundum regeret, imperandi prohibendique sapientia..... quamobrem lex vera atque princeps apta ad jubendum et ad vetandum, ratio est recta summi Jovis..... quid quod multa perniciosè, multa pestiferè sciscuntur in populis, quæ non magis legis nomen attingunt, quam si latrones aliqua consessu suo sanxerint. Nam neque medicorum precepta dici vere possent, si quæ inscii imperitique pro salutaribus mortifera conscripserint, neque in populo lex, cuicui modi fuerit illa, etiam si perniciosum aliquid populus acceperit. Cic. de Leg.

général aux idées douces de raison et de bonté. Jusques-là, c'est en vain qu'on croira y avoir un gouvernement, une constitution et des loix.

Quand la France sera arrivée à ce point, je puis croire qu'elle sera bien près de la monarchie. C'est offenser le bon sens, que de croire que la monarchie puisse s'y replacer par la force. C'est peut-être même faire tort à ses intérêts, que d'en faire toujours l'enseigne exclusive d'un parti abattu. Cette enseigne n'a que trop appartenu aux vaincus ; sachons l'envoyer aux vainqueurs. Une seule raison fera aujourd'hui que la monarchie se rétablira en France ; c'est que la république y sera impossible. La monarchie arrivera comme résultat de l'ordre, par le besoin de ceux qui la combattent, et non pour l'intérêt de ceux qui la sollicitent.

Dans tous les cas elle sera un asyle, un moyen de repos, et non pas une cause de soulèvement. L'Angleterre seroit encore une république, si Monk avoit parlé à ses soldats de monarchie ; César n'eût jamais passé le Rubicon, s'il avoit parlé à ses soldats de l'impire et de la dictature ; l'Amérique appartiendroit encore à l'Angleterre, si Morris, Washington et Franklin avoient trop tôt parlé d'indépendance ; la France seroit encore une monarchie, si les premiers factieux avoient parlé trop haut d'une république ; mais la monarchie à l'Angleterre, l'empire à César, l'indépendance à l'Amérique, sont arrivés d'eux-mêmes, comme résultat à la suite des évènemens. La république en France s'est établie dans le cœur même de ceux qui parloient le plus de monarchie ; la monarchie se rétablira avec la même facilité dans le cœur de ceux qui parlent aujourd'hui de république. S'il m'étoit permis de dire ici toute ma pensée, j'ajouterois même que le plus grand obstacle que je vois à la royauté, ce sont les royalistes. Au moins puis-je dire que leur mal-adresse à l'intérieur et à l'extérieur, a plus nui à la cause, que tous les efforts de leurs ennemis.

Dans ces derniers tems, les hommes influens, ceux qui ont la puissance, avoient senti que pour se détacher efficacement de la révolution, et que c'étoit dans une monarchie composée pour les intérêts de tous, que chacun devoit chercher un refuge et un salut ; je ne sais quel aveuglement a pris soin de faire entendre aux imprudens qu'ils étoient coupables, aux coupables qu'ils étoient criminels, à tous qu'ils ne pouvoient éviter l'échafaud du supplice, ou celui de la honte. On a proposé à la France victorieuse, des conditions que la prudence n'eut pas dû imposer à des vaincus ; on lui a offert, sous le masque de la constitution de quatorze siècles, le joug humiliant du despotisme ; les dispositions pour la monarchie se sont dès-lors évanouies. Elles pourront se reproduire encore ; ce sera quand toutes les vieilles prétentions seront sincèrement abjurées, quand tous les vieux ressentimens seront entièrement éteints ; quand la masse de l'esprit public se tournant vers l'ordre et vers la justice, se trouvera plus préparée à la forme de gouvernement qui peut seule les consolider. Elle sera proclamée alors par la puissance même qui règne, par la représentation nationale.

Si dans un état paisible et qui a perdu l'habitude des assemblées, on veut faire une révolution, on n'a qu'à introduire une assemblée représentative ; quand une telle révolution est faite, si on veut la terminer ou en adoucir les résultats, ce ne peut être encore que par une assemblée représentative. Ce n'est que par l'adhésion vraie ou supposée de toute une nation, qu'on peut former un nouvel esprit public, et le tourner d'une manière convenable vers des réparations.

Mais dans cette supposition même, soit que la monarchie revienne en France, soit que la république s'y conserve, quelque espèce d'ordre qui succède au désordre actuel, il ne pourra s'y établir subitement. De quelque manière qu'on veuille arriver à ce grand but, la cessation de la révolution, un gouvernement et la paix, il faut du tems, il faut du repos. Ce n'est qu'avec du tems qu'on peut se reconnoître, se mesurer sous tous les rapports. Ce n'est qu'avec du repos, qu'on peut avoir le calme nécessaire, pour s'examiner et examiner ce qui est hors de soi. Quand tous les rayons de la raison et de l'intérêt sont dirigés vers un même point, à la fin ce point doit être apperçu, mais il faut du calme et du tems pour l'appercevoir. A la distance immense où la haine a porté tous les partis, il faut du tems pour faire arriver de si loin les préjugés et les opinions. Il faut du tems à la France pour organiser son repos intérieur, pour se débarrasser de ses épouvantables armées, pour se préparer à un état aussi nouveau pour elle que la paix. Ce n'est donc pas

la

la paix à laquelle il faut d'abord prétendre; une paix immédiate seroit impolitique, elle seroit funeste, c'est à la cessation de la guerre. Un long armistice est le préliminaire indispensable d'une bonne paix.

La France ne me paroît pas devoir opposer d'obstacles à la proposition simple d'une trève. Mais si par un refus que je ne puis prévoir, ou après l'expiration de la trève, si par des causes, que je prévois encore moins, on ne pouvoit arriver à une réunion, les puissances et les émigrés n'auroient encore d'autre parti à prendre, que de persister dans les dispositions que j'ai énoncées. C'est en abandonnant pleinement et franchement à la France l'objet primitif de la guerre et de la révolution, qu'on doit énerver ses forces. Il est impossible qu'elle persiste long-tems dans un état d'effort et de violence qui n'auroit plus d'objet.

Et dès-lors les puissances doivent réunir tous leurs efforts pour fixer entièrement la nature de la guerre. Jusqu'à présent elle a eu une direction trop peu décidée. Il faut désormais lui donner un caractère tellement offensif de la part des françois, qu'à cet égard il ne reste plus d'équivoque. Quel que soit le préjugé établi, que le français qui attaque est plus fort que le français qui se défend, les circonstances ont changé, il ne faut plus s'y laisser prendre. Toutes les fois que la guerre sera réputée offensive de la part des puissances, un revers n'aura d'autre effet pour les français que de leur faire faire de nouveaux efforts, rendre l'obéissance plus exacte, la discipline plus sévère, faire croire à de nouveaux dangers, légitimer toutes les mesures révolutionnaires, en un mot, faire de la guerre une guerre de patrie, la guerre de l'honneur et du devoir.

Au contraire la guerre est-elle décidément défensive de la part des puissances, tous les événemens prennent une autre couleur pour l'armée française. Ce n'est plus pour elle une guerre de patrie; c'est la guerre du directoire et du général. Elle acquiert de cette manière un caractère ambitieux; elle n'a plus d'intérêt pour le soldat. Le revers quand il arrive appartient plus au général; car il appartient à la tentative. En même tems que la guerre cesse d'être une guerre de patrie pour le soldat français, elle le devient pour le soldat étranger; elle acquiert dans les divers états le caractère qui peut lui donner le plus de faveur, disposer à plus de sacrifices, faire aimer le plus le souverain.

La politique commande désormais cette marche. J'ose dire même que la tactique la prescrit. Le courage est une force morale qui comme toutes les autres forces est sujette à s'épuiser. Les succès l'augmentent, les revers l'abattent. C'est un moment très-critique à la guerre, que celui où le général est obligé sans cesse de presser et d'entraîner le soldat. Cette situation est bien plus avantageuse, où le soldat avide de combats presse et entraîne le général. Fabius ayant à combattre Annibal presqu'aux portes de Rome, sut retenir l'activité de son armée, pour lui laisser reprendre des forces. C'est en accumulant sans cesse les difficultés, c'est par une marche lente et combinée qu'il réussit à dérouter ces têtes africaines accoutumées aux grands obstacles et aux grands triomphes.

Les français me paroissent aujourd'hui dans le même mouvement. Il est plus facile d'amortir ce mouvement, que de le comprimer; ils sont venus à ce point qu'on peut difficilement les vaincre; il faut les lasser.

Encore une fois, ce qu'on pourroit objecter à cet égard du manque de hardiesse qui a caractérisé les premières opérations de cette guerre et des malheurs qui en ont été la suite, n'auroit aucune valeur pour des circonstances qui ne sont plus les mêmes. Les revers présens de M. de Beaulieu, les derniers succès de M. de Clairfayt sont à cet égard des preuves sans réplique.

S'il est quelques moyens de tenir contre un ennemi ardent et extrêmement exercé, c'est dans les différens points de conduite que j'ai tracés. S'il est encore possible de faire participer les peuples à cette guerre, c'est en leur montrant avec évidence que c'est une guerre de protection et de sûreté. Il faut quitter désormais toutes les vues, ainsi que toutes les finesses de l'ancienne diplomatie. Il faut se montrer à découvert à ses peuples et à ses ennemis. Si en même tems on sait faire de nouveaux efforts, et les diriger avec sagesse, si on sait se rendre respectable, sans se montrer menaçant, si ce mouvement est secondé par l'attitude et l'intervention puissante d'un allié qui a pu se retirer d'une guerre ambitieuse, et qui a plus que jamais intérêt à la pacification de la France, ainsi qu'à celle de l'Europe; si une autre puissance, laissant un moment de côté ses intérêts vers le Bosphore ou vers la mer Caspienne, veut faire des sacrifices convenables à ses intérêts d'Europe, alors la face des affaires peut changer; quels que soient les nouveaux efforts de la France, je puis croire que les puissances reprendront une attitude imposante.

Pour ce qui est des émigrés, si une haine aveugle continue à les poursuivre, toutes leurs ressources se trouvent de même dans les vues que j'ai proposées. Ils n'ont qu'à être attentifs aux événemens; tant que durera le mouvement actuel de la France, il leur offrira assez de chances. Si par leur conduite, leur doctrine, toutes leurs dispositions, ils savent se composer de manière à pouvoir en profiter; si une renonciation sincère à de grandes et antiques prérogatives, à de profonds et de justes ressentimens, font disparoître toute inquiétude sur leurs vues ultérieures; s'ils savent entrer dans le cercle des autres, sans vouloir toujours qu'on entre dans le leur; s'ils savent se montrer les amis sincères de cette partie de la France qui veut l'ordre, et non de ceux qui veulent éterniser la confusion et les calamités; s'ils savent sortir de cet état successif d'abattement, où ils n'ont plus d'espoir et de présomption, où ils s'imaginent qu'ils vont tout recouvrer; en un mot, s'ils veulent se désabuser de ces faux principes avec lesquels on ne cesse de leur persuader que le bien vient à force de mal, que c'est par l'enfer qu'on arrive à une vie heureuse: les émigrés se remettront dans une situation intéressante; ils trouveront en France autant d'alliés, qu'il y existe encore d'hommes justes.

Enfin, si nos princes eux-mêmes veulent entrer dans ces dispositions; si, cessant de porter leur attention vers un retour impossible, ils étudient la situation actuelle de la France, et se montrent disposés à entrer dans tous les arrangemens qui peuvent lui convenir, la monarchie peut reprendre de la faveur.

Le salut pour tous les partis est dans ces vues. Hors de là je ne puis voir qu'une continuité de désirs sans moyens, d'efforts sans puissance, de tentatives sans succès, un cercle éternel de revers et de calamités.

On trouve à Paris, chez Henri Neuville, rue des Grands-Augustins, près le quai de la Vallée, la dernière brochure de M. Burke, sur la révolution française. Prix 40 sous, franc de port.

www.ingramcontent.com/pod-product-compliance
Lightning Source LLC
LaVergne TN
LVHW020946090426
835512LV00009B/1727